RÉPUBLIQUE FRANÇAISE.

MINISTÈRE DE LA GUERRE.

INSTRUCTION DU 2 AVRIL 1892

POUR L'ADMISSION A

L'ÉCOLE SUPÉRIEURE DE GUERRE

EN 1893

PARIS	LIMOGES
11, Place Saint-André-des-Arts.	46, Nouvelle Route d'Aixe, 46.

IMPRIMERIE ET LIBRAIRIE MILITAIRES

HENRI CHARLES-LAVAUZELLE

Éditeur.

1892

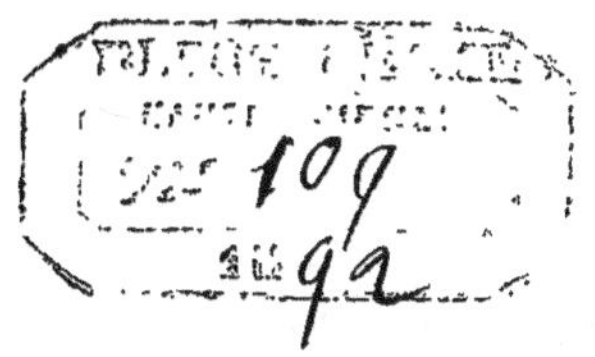

INSTRUCTION DU 2 AVRIL 1892

POUR L'ADMISSION A

L'ÉCOLE SUPÉRIEURE DE GUERRE

EN 1892

CONCOURS.

L'admission à l'Ecole a lieu par la voie du concours.

Ce concours comprend : 1° des épreuves écrites déterminant l'admissibilité ; 2° des épreuves orales ; 3° une épreuve d'équitation.

Les lieutenants et capitaines de toutes armes sont admis à se présenter au concours s'ils remplissent les conditions suivantes : avoir au 31 décembre de l'année du concours au moins cinq ans de grade d'officier, et, au 1er février de la même année, trois ans de service effectif dans les troupes.

Les lieutenants et capitaines de l'infanterie et de l'artillerie de marine peuvent, avec l'autorisation du Ministre de la marine, prendre part aux épreuves du concours dans les mêmes conditions que les officiers de l'armée de terre.

Les officiers qui, réunissant les conditions indiquées ci-dessus, désirent prendre part au concours, devront remettre leur demande à leur chef de corps ou de service. Ces demandes seront transmises par la voie hiérarchique, du 1er au 5 octobre, à MM. les gouverneurs militaires de Paris et de Lyon, si les candidats sont placés directement sous leurs ordres, ou à MM. les commandants de corps d'armée, avec l'avis du chef de corps, et celui des officiers généraux sous les ordres desquels les candidats sont placés.

La transmission des demandes aura lieu par l'intermédiaire de l'inspecteur général, pour les candidats dont le gouverneur militaire ou le commandant de corps d'armée n'est pas lui-même l'inspecteur général.

Les dossiers transmis à MM. les gouverneurs militaires ou commandants de corps d'armée devront contenir les pièces suivantes :

1° Un état nominatif des candidats, avec une appréciation sur chacun d'eux au point de vue de son admission ou de sa non-admission au concours. Cette appréciation y est inscrite par l'autorité qui transmet la demande au gouverneur militaire ou au commandant du corps d'armée ;

2° Pour chaque candidat :

a. L'état des services de l'officier ;

b. Le relevé *in extenso* du registre du personnel de l'officier depuis le commencement de sa carrière (1) ;

c. La feuille d'inspection comportant les notes des chefs hiérarchiques et, s'il y a lieu, de l'inspecteur général ; toutes ces notes devront donner une appréciation aussi complète que possible de chaque candidat.

L'examen des demandes sera fait par MM. les gouverneurs militaires de Paris et de Lyon, ou MM. les commandants de corps d'armée, qui prononceront *définitivement* sur l'admission au concours, et feront connaître *sans délai* leur décision aux candidats.

MM. les gouverneurs militaires de Paris et de Lyon et MM. les commandants de corps d'armée adresseront au Ministre, le 10 octobre au plus tard :

1° L'état nominatif des officiers admis à prendre part au concours (*état néant, s'il y a lieu*) ;

2° L'état nominatif (*néant, s'il y a lieu*) des candidats qui n'auraient pas été autorisés à y prendre part (avec l'indication des motifs qui justifient leur exclusion);

3° Les *dossiers complets* de demande des officiers admis à concourir.

La résidence des officiers qui sont détachés dans un corps d'armée autre que celui auquel ils appartiennent, devra être indiquée très exactement et d'une manière apparente. Lorsque les officiers seront en congé, il sera fait mention des localités où ils jouissent de leur congé.

En outre, afin d'éviter toute fausse indication dans la répartition des candidats entre les divers centres de composition dont il est question ci-après, il devra être rendu compte au Ministre des absences pour cause de permission ou de congé qui pourront se produire depuis le 10 octobre jusqu'au commencement des épreuves écrites (6 février).

Les demandes des candidats de l'armée de mer seront adressées à M. le Ministre de la marine, qui statuera, et fera parvenir, le 10

---

(1) Il est indispensable que ce relevé soit la copie textuelle et complète des feuillets successifs du personnel de l'officier.

octobre, au Ministre de la guerre, la liste des officiers qu'il aura autorisés à prendre part au concours. Des extraits de cette liste seront adressés par le Ministre de la guerre à chacun des commandants de corps d'armée intéressés.

OPÉRATIONS RELATIVES A L'EXÉCUTION DES COMPOSITIONS ÉCRITES.

1° *Levé d'itinéraire.*

. Le *levé d'itinéraire* sera fait par chaque candidat (armée de terre et armée de mer) aux environs de sa garnison (ou d'une garnison voisine, si cela est nécessaire pour en assurer la surveillance).

Les itinéraires à lever, différents pour chaque candidat, seront choisis par le général commandant le corps d'armée, sur la proposition du chef du bureau topographique de l'état-major du corps d'armée et dans les conditions fixées par la présente instruction (programme des épreuves écrites). Ces itinéraires seront adressés le 10 novembre, au plus tard, au commandant d'armes de la garnison correspondante, sous double enveloppe cachetée. La première sera ouverte dès la réception des sujets; la deuxième ne le sera qu'en présence des candidats, le matin du jour fixé pour l'exécution du levé. Cette enveloppe contiendra, pour chaque candidat : 1° l'ordre le concernant (1); 2° un tableau des signes conventionnels à l'échelle du 1/20000.

La date de l'exécution du levé sera déterminée par le commandant d'armes de chaque garnison, suivant les circonstances locales, de manière à choisir une journée favorable. L'exécution du levé devra, dans tous les cas, *précéder* l'ouverture des autres épreuves écrites.

Les candidats (armée de terre et armée de mer) seront réunis dans chaque garnison, par les soins du commandant d'armes. Ils devront se munir des crayons et instruments nécessaires. Les instruments à employer sont laissés au choix des candidats, mais ils devront être de ceux qu'un officier peut porter sur lui. L'emploi de la carte est *absolument* interdit.

Le papier nécessaire pour l'exécution du levé sera fourni par le ministère de la guerre et envoyé à l'avance à MM. les commandants de corps d'armée, qui le feront parvenir au commandant d'armes de chaque garnison en même temps que les sujets de compositions. A l'issue des épreuves, les feuilles non utilisées

---

(1) Cet ordre sera libellé comme il suit :
M. le   exécutera, dans les conditions fixées par l'instruction pour l'admission à l'Ecole supérieure de guerre en 1893, l'itinéraire de   à
Désignation et cote du point de départ :
Désignation du point d'arrivée :
Orientation générale de l'itinéraire :

A   , le
Le Général commandant le   corps d'armée,

seront renvoyées au commandant du corps d'armée, qui les transmettra au Ministre de la guerre (*Section du personnel du service d'état-major*), en même temps que les feuilles non utilisées pour les autres compositions écrites.

L'exécution du levé sera surveillée, dans chaque garnison, par un ou plusieurs officiers supérieurs. Les mesures nécessaires pour assurer cette surveillance seront prises par le commandant d'armes.

Pour assurer la régularité de l'épreuve, les officiers seront prévenus qu'ils doivent s'abstenir *absolument* de signer leurs feuilles de composition et d'y porter d'autres indications que les suivantes :

1° Corps d'armée, gouvernement militaire ou préfecture maritime;
2° Lieu de garnison (celui aux environs duquel le levé est exécuté);
3° Nom, prénoms, grade, corps ou service.

Ces indications seront écrites de la main du candidat sur un papillon placé en tête de la feuille.

Le levé sera fait à pied et remis, au point d'arrivée, à l'officier supérieur chargé de la surveillance, avec une note succincte indiquant la méthode et les instruments employés.

Les compositions (y compris celles des candidats de l'armée de mer) seront adressées immédiatement par le commandant d'armes au général commandant le corps d'armée. Elles seront ensuite envoyées au Ministre en même temps et dans les mêmes conditions que le croquis topographique.

2° *Opérations relatives à l'exécution des compositions écrites (autres que le levé d'itinéraire). — Centres d'examen.*

Les compositions écrites (autres que le levé d'itinéraire) seront faites aux chefs-lieux des corps d'armée, où les candidats devront être réunis dès la veille. Toutefois, les officiers détachés ou en position régulière d'absence feront leurs compositions au chef-lieu du corps d'armée ou du gouvernement dans lequel ils se trouveront.

Les candidats d'Algérie feront leurs compositions écrites à Alger; ceux de la brigade d'occupation de Tunisie les feront à Tunis.

Les officiers de l'armée de mer composeront au chef-lieu de la préfecture maritime dans laquelle ils seront régulièrement stationnés ou détachés.

Les sujets de compositions choisis par le comité technique d'état-major, sur la proposition du général commandant l'Ecole supérieure de guerre, seront les mêmes pour tous; ils seront adressés par le Ministre à chaque commandant de corps d'armée, ainsi qu'aux préfets maritimes intéressés, sous double enveloppe cachetée. La première sera ouverte dès la réception des sujets; la deuxième ne le sera qu'en présence des candidats.

Dans chaque corps d'armée, le chef d'état-major sera chargé de la surveillance pendant les compositions écrites. Il ouvrira la séance et pourra se faire suppléer ensuite par un officier supérieur.

Toute communication des candidats avec l'extérieur et entre eux sera interdite. Il est formellement défendu aux officiers d'avoir recours à des livres ou notes d'aucune sorte. Toute fraude ou infraction entraînera immédiatement la mise hors concours du candidat qui l'aura commise.

Pour assurer la régularité des épreuves, les officiers seront prévenus qu'ils doivent s'abstenir *absolument* de signer leurs feuilles de composition et d'y porter d'autres indications que les suivantes :

1° Corps d'armée, gouvernement militaire ou préfecture maritime;

2° Centre de composition;

3° Nom, prénoms, grade, corps ou service.

Ces indications seront écrites de la main du candidat sur un papillon placé en tête de la feuille.

Les officiers admis à prendre part aux épreuves écrites devront se munir, pour leurs compositions et pour l'exécution du croquis topographique, de plumes, crayons (noir, bleu, rouge et vert) et mine de plomb ; ils pourront, en outre, faire usage du compas simple, du double décimètre, de la règle, de l'équerre et de la loupe.

Le papier nécessaire pour les compositions et l'exécution du croquis topographique sera fourni par le ministère de la guerre et envoyé dans chaque centre en même temps que les sujets de compositions. A l'issue des épreuves, les feuilles non utilisées seront renvoyées au ministère de la guerre (*Section du personnel du Service d'état-major*).

Afin d'éviter toute perte de temps dans la correction des compositions, celles-ci seront adressées au Ministre immédiatement après chacune des trois journées d'examens, en même temps que les noms des officiers qui n'auront pas composé, avec le motif de leur abstention. Cet envoi comprendra les levés d'itinéraires exécutés par les candidats dans leurs garnisons respectives.

Les enveloppes contenant les compositions porteront la mention : « pour le Ministre seul ».

Les compositions seront remises au président du comité technique d'état-major qui fera inscrire en sa présence un même numéro d'ordre sur le papillon placé en tête de chaque feuille de composition et sur la feuille elle-même.

Les papillons seront aussitôt détachés et placés séance tenante dans une enveloppe cachetée destinée à n'être ouverte qu'après la correction des compositions.

Les compositions écrites seront notées et classées à Paris par la commission d'examens, et d'après ce classement le Ministre fera connaître quels sont les candidats admis à subir les épreuves orales.

Les notes obtenues par les candidats pour les épreuves écrites serviront, concurremment avec celles des examens oraux, à dresser le classement qui sera établi à la suite du concours.

COMPOSITION DE LA COMMISSION D'EXAMENS ET OPÉRATIONS RELATIVES
AUX ÉPREUVES ORALES.

La commission chargée de procéder à la correction des épreuves écrites et aux examens oraux, ainsi qu'à l'épreuve d'équitation, sera composée du comité technique d'état-major, [auquel seront adjoints, sur la proposition de son président, un certain nombre d'officiers généraux, colonels ou lieutenants-colonels des différentes armes et un fonctionnaire de l'intendance. L'armée de mer sera représentée dans la commission par un officier général ou un colonel ou lieutenant-colonel d'infanterie ou d'artillerie de marine.

La commission se subdivisera en quatre sous-commissions opérant simultanément et examinant tous les candidats sur un certain nombre de cours.

Cette commission sera assistée du nombre nécessaire de professeurs militaires ou civils.

Les candidats tireront au sort les questions sur lesquelles ils auront à répondre.

La date à laquelle ils devront être rendus à Paris sera fixée ultérieurement; dès leur arrivée, ils se présenteront et s'inscriront à l'Ecole supérieure de guerre (Ecole militaire), où ils recevront les avis et renseignements nécessaires.

Le lendemain, les candidats, réunis dans une des salles de l'Ecole, tireront au sort l'ordre dans lequel ils subiront les examens oraux, à la date qui leur sera indiquée.

Pour les épreuves, ils seront en tenue du jour.

Après la clôture des examens, les candidats recevront lecture du classement général, et le Ministre fera connaître aux commandants de corps d'armée ceux qui seront définitivement admis à l'Ecole. Tous rejoindront, après leurs examens, leurs régiments ou leurs destinations.

Le programme annexé à la présente instruction résume, d'une manière générale, les connaissances que les officiers doivent posséder pour pouvoir suivre avec fruit les cours de l'Ecole supérieure de guerre, et indique dans quel sens ils doivent diriger leurs études.

Toutes les parties en sont obligatoires, et l'insuffisance d'un candidat dans l'une quelconque des épreuves orales ou dans l'épreuve d'équitation pourra entraîner son exclusion. Toutefois, cette exclusion ne pourra être prononcée que lorsque toutes les épreuves auront été subies, par une décision de la commission réunie.

NATURE DES ÉPREUVES.

ÉPREUVES ÉCRITES.

Les épreuves écrites, au nombre de six, auront lieu :

Le levé d'itinéraire, au jour fixé par le commandant d'armes de chaque garnison;

Les autres épreuves, les 6, 7 et 8 février 1893, aux heures fixées ci-après.

Elles porteront sur les matières suivantes :

1° *Levé d'itinéraire* (à l'échelle du 1/20000) (7 *heures*).

Ce levé comprendra une étendue de 4 kilomètres environ, dans le sens du tracé d'une route, et une largeur de 500 mètres environ de chaque côté de celle-ci, dans une région découverte, à proximité immédiate de la garnison, et présentant quelques accidents de terrain bien définis.

Le dessin sera fait *au crayon* et sur le terrain même, au fur et à mesure de l'exécution du levé. On emploiera le crayon *rouge* pour les maçonneries, le *bleu* pour les eaux, le *jaune* pour les bois, le *bistre* pour le figuré du terrain. La planimétrie et les écritures seront en *noir*.

On se conformera, pour les écritures et les signes conventionnels, aux indications du tableau établi par le service géographique de l'armée, pour l'échelle du 1/20000, dont un exemplaire sera remis à chaque candidat à l'ouverture de la séance.

Le figuré du terrain sera exprimé à l'aide de courbes de niveau équidistantes de 5, 10 ou 20 mètres, suivant que les terrains seront peu accidentés, moyennement accidentés ou montagneux. On ne s'assujettira pas à tracer ces courbes continues dans toute l'étendue du levé.

Celui-ci sera complété, s'il y a lieu, par des profils et par quelques croquis des points remarquables du terrain.

Chaque candidat indiquera très succinctement, dans une note annexée au levé, la méthode et les instruments employés par lui. Il indiquera sur le levé même l'équidistance adoptée.

2° AUTRES ÉPREUVES ÉCRITES.

1er *jour* (5 *heures. — De* 11 *heures du matin à* 4 *heures du soir.*)

1° Solution d'une question militaire, traitée d'après la carte et se rattachant à une des opérations les plus simples, mentionnées dans l'instruction ministérielle du 31 janvier 1884 (infanterie) et le règlement du 31 mai 1882 (cavalerie) sur les manœuvres avec cadres.

2° jour (3 heures. — De 8 heures à 11 heures du matin).

2° Analyse ou étude sommaire d'une question d'organisation ou d'histoire militaire, dans les limites du programme de l'examen oral correspondant.

2ᵉ jour (3 heures. — De 1 heure à 4 heures du soir).

3° Etude sommaire de questions de législation et d'administration militaires, dans les limites du programme fixé ci-après.

3ᵉ jour (4 heures. — De 8 heures du matin à midi).

4° Croquis topographique, à une échelle donnée, d'une portion de carte, le figuré du terrain étant représenté par des courbes horizontales.

3ᵉ jour (2 heures. — De 2 heures à 4 heures du soir).

5° Traduction en allemand d'un morceau de prose française, choisi de préférence dans un ouvrage militaire.
La composition sera faite sans l'aide de lexique, ni de dictionnaire.
Les caractères allemands seront employés pour l'écriture de cette composition.
Le sujet de chacune de ces cinq épreuves sera choisi parmi un certain nombre de sujets proposés par le conseil d'instruction de l'Ecole.

LÉGISLATION ET ADMINISTRATION MILITAIRES.

(PROGRAMME POUR L'ÉPREUVE ÉCRITE.)

Recrutement de l'armée.

Loi du 15 juillet 1889 sur le recrutement de l'armée (modifiée par les lois des 6 novembre 1890 et 2 février 1891).
Décret du 28 septembre 1889, relatif aux engagements volontaires et aux rengagements (modifié par le décret du 26 janvier 1891).
Loi du 18 mars 1889, relative au rengagement des sous-officiers (modifiée par la loi du 6 janvier 1892).

Composition et organisation de l'armée.

Loi d'organisation du 24 juillet 1873.
Loi du 13 mars 1875, relative aux cadres et aux effectifs de l'armée.
Loi du 21 juin 1890, modifiant les deux précédentes.

Loi du 27 juillet 1891, modifiant celle du 13 mars 1875.

Loi du 20 mars 1880, sur le service d'état-major (modifiée par la loi du 24 juin 1890)

Loi du 16 mars 1882, sur l'administration de l'armée, et loi du 1er juillet 1889 (service de santé); décrets d'application des 28 octobre 1882, 4 septembre 1883 (corps du contrôle), 10 février 1890 (intendance), 3 juillet 1883 (services relevant directement du Ministre).

Loi du 24 juillet 1883, portant création d'une artillerie de forteresse.

Décrets des 23 mars et 4 avril 1887, sur l'organisation et le commandement des places fortes. — Instruction du 22 avril 1887, sur le même objet.

Lois des 25 juillet 1887, 27 février 1889 et 20 juillet 1891, relatives à l'organisation de l'infanterie.

Lois du 25 juillet 1887 et du 18 février 1890, relatives à la création de régiments de cavalerie.

Loi du 24 décembre 1888 et décrets des 2 janvier et 19 octobre 1889 et du 1er mars 1890, relatifs à l'organisation des bataillons de chasseurs à pied.

Loi du 28 décembre 1888, décret du 31 décembre 1888 et loi du 15 juillet 1889, relatifs à l'organisation de l'artillerie.

Loi du 28 décembre 1888 et décrets du 5 février 1889, relatifs à l'organisation militaire des chemins de fer.

Loi du 11 juillet 1889 (création d'un régiment de sapeurs de chemins de fer).

Avancement.

Loi du 14 avril 1832.

Ordonnance du 16 mars 1838 (titres I, II, III et IV).

Loi du 5 janvier 1872.

Loi du 26 mars 1891.

Décret du 31 juillet 1881, sur l'avancement dans l'armée territoriale.

Ecoles de sous-officiers élèves officiers (infanterie, décret du 22 mars 1883; cavalerie, arrêté ministériel du 2 août 1889; artillerie, génie et train des équipages, décret du 4 novembre 1886).

Décret du 25 juin 1888 sur l'avancement des sous-lieutenants et lieutenants de réserve.

Etat des officiers.

Loi du 19 mai 1834.

Décrets du 31 août 1878 et du 20 mars 1890, sur l'état des officiers de réserve et de l'armée territoriale.

Décret du 29 juin 1878, organisation et procédure des conseils d'enquête.

Etat civil aux armées. — Actes notariés.

Instruction ministérielle du 2 mars 1823. — Actes de l'état civil. — Testaments. — Procurations.

Administration et comptabilité des corps de troupe.

Organisation des conseils d'administration. Agents des conseils et leur responsabilité (Décret du 14 janvier 1889).

Immatriculation des hommes et des chevaux (Décret du 14 janvier 1889). — Notions générales sur les recettes et dépenses faites par les corps de troupe (Décret du 14 janvier 1889). De l'habillement dans les corps de troupe (Décrets du 16 novembre 1887 et du 18 mars 1889).

De l'armement dans les corps de troupe (Règlement du 30 août 1884).

Administration des compagnies, escadrons et batteries. Livrets matricules et livrets individuels. Registre de comptabilité trimestrielle. Payement du prêt. Perception des prestations en nature. (Décrets du 16 novembre 1887 et du 14 janvier 1889).

Des ordinaires. (Règlement du 23 octobre 1887).

Service de la solde.

Positions ouvrant des droits divers à la solde. Accessoires de solde. Hautes payes. Indemnités (Décret du 29 mai 1890).

Des masses. — Masse d'habillement et d'entretien. Masse du harnachement et ferrage (Décret du 14 janvier 1889). — Masse de chauffage (Décret du 15 janvier 1890). — Masse des écoles (Décret du 27 novembre 1887).

Constatation des droits à la solde.

Feuille de journées. Règlement des comptes (Décrets du 10 novembre 1887 et du 25 avril 1889).

Décret du 27 décembre 1890 sur l'unification des soldes.

Service des subsistances.

Des distributions. Bons de distributions. Contestations en matière de distribution (Règlement du 26 mai 1866, titre IV, chapitre 5). — Circulaire du 3 avril 1885 et instruction du 30 janvier 1887. — Décret du 28 décembre 1883 sur le service intérieur (chapitre des distributions).

Service des officiers d'approvisionnement (instruction du 12 avril 1889).

Service du logement.

Casernement et couchage, d'après les décrets du 28 décembre 1883, sur le service intérieur.

Entretien direct par les corps de troupe (Règlement provisoire du 20 juin 1888).

Service de santé.

Infirmeries régimentaires (Décrets du 28 décembre 1883 sur le service intérieur et titre II du règlement du 25 novembre 1889 sur le service de santé en temps de paix).

Service des hôpitaux et opérations auxquelles donnent lieu l'entrée d'un homme à l'hôpital et sa sortie de l'hôpital (Règlement du 25 novembre 1889, sur le service de santé en temps de paix. titre III, chapitre 3, sections II et VI).

Service de marche.

Règles générales du service de l'indemnité de route, d'après le règlement du 12 juin 1867 (édition de 1888) et la décision présidentielle du 27 décembre 1890.

Nota. — Les candidats doivent s'attacher à bien connaître l'esprit des institutions et le fonctionnement général des services ; c'est dans ce sens que les questions devront être traitées. La connaissance complète du détail administratif ne sera pas *exigée*.

ÉPREUVES ORALES.

Les candidats reconnus admissibles subiront, dans la 2e quinzaine de mars, à Paris, devant la commission, quatre examens oraux, portant sur les matières ci-après :

1er Examen. { Organisation et histoire militaires. / Tactique d'infanterie.

2e Examen. { Tactique de cavalerie. / Allemand.

3e Examen. { Artillerie. / Fortification.

4e Examen. { Géographie. / Topographie.

Les candidats seront autorisés à présenter à la commission, à chaque examen, les travaux militaires correspondants qu'ils auraient antérieurement exécutés (et notamment leurs travaux topographiques).

ÉPREUVE D'ÉQUITATION.

Une épreuve d'équitation aura également lieu à Paris, devant une délégation de la commission d'examens

PROGRAMME DES EXAMENS ORAUX.

ORGANISATION ET HISTOIRE MILITAIRE.

1° Traits principaux de l'organisation des armées françaises pendant les guerres de 1792 à 1815.

Constitution des diverses unités. — Régiments, demi-brigades, brigades, divisions, corps d'armée.

Origines du corps d'armée. — Organisation des corps d'armée permanents sous l'Empire.

Organisation actuelle de la division et du corps d'armée en France.

Notions sur l'organisation du corps d'armée et de la division en Allemagne, en Russie, en Autriche et en Italie.

2° Historique des campagnes de 1796, de 1800, de 1805, de 1806, de 1807, de 1809, de 1813, de 1814, de 1854-1855 en Crimée, de 1859 en Italie, de 1866 en Italie et en Bohême, de 1870-1871, de 1877 en Asie-Mineure et en Europe. (Questionnaire analogue à celui des examens de sortie de l'Ecole spéciale militaire.)

TACTIQUE D'INFANTERIE.

Tactique de l'infanterie française dans les guerres de la Révolution et de l'Empire.

Tactique de l'infanterie dans les guerres postérieures à 1830.

Tactique actuelle de l'infanterie française ; règlement du 29 juillet 1884 modifié par décision du 3 janvier 1889 ; bases de l'instruction, écoles de compagnie, de bataillon, de régiment ; applications aux unités plus fortes.

Règlement sur le service des armées en campagne (26 octobre 1883).

Instruction pratique sur le service de l'infanterie en campagne (9 mai 1885).

Principes généraux du règlement sur l'instruction du tir (1er mars 1888).

TACTIQUE DE LA CAVALERIE.

Tactique actuelle de la cavalerie française : règlement du 31 mai 1882 sur les exercices de la cavalerie et observations du 10 novembre 1882, sur son application.

Titre Ier. — Bases de l'instruction ; article 1, 2, 3 et combat à pied (extrait de l'art. 4).

Titre III. — Ecoles du peloton et de l'escadron à cheval. — Ecole du régiment.

Titre IV. — Ecole de brigade. — Ecole de division.

Evolutions, manœuvres et combat.

Règlement sur le service des armées en campagne (26 octobre 1883).

Instruction pratique sur le service de la cavalerie en campagne (10 juillet 1884).

Observations sur l'emploi des troupes de cavalerie appelées à opérer avec des détachements de toutes armes (16 février 1890).

ARTILLERIE.

1° NOTIONS GÉNÉRALES SUR LE TIR DES BOUCHES A FEU.

Définitions : trajectoire dans le vide et dans l'air ; vitesse initiale, vitesse restante. — Portée. — Dérivation. — Angle de tir. — Angle de chute. — Tables de tir.

Des divers genres de tir : Tir de plein fouet. — Tir indirect. — Tir vertical.

Réglage du tir direct avec le matériel de campagne.

2° MATÉRIEL.

Corps explosifs.

Propriétés générales et emploi des poudres de guerre en service, de la mélinite, du fulmicoton.

Conservation. — Transport.

Armes portatives.

Description sommaire et propriétés principales du fusil modèle 1886, du revolver modèle 1873 et du fusil à répétition Kropatschek.

Munitions de ces armes.

Fusils en usage dans les principales armées étrangères.

Armes blanches, sabres et épées actuellement en service.

Bouches à feu.

Description sommaire et propriétés des principales bouches à feu en service, de leurs affûts et de leurs munitions. — Canons de campagne de 80, de 90 et de 95. — Canon de montagne de 80. — Canons de siège et de place de 138, de 120, de 155 ; mortier rayé de 220. — Canon-revolver modèle 1879.

Voitures d'artillerie.

Notions sommaires sur les voitures de l'artillerie de campagne et sur les équipages d'infanterie.

Transport des munitions. — Approvisionnements des batteries de campagne. — Approvisionnements en munitions pour armes portatives. — Chariot d'explosifs. — Remplacement des munitions en campagne (Instruction du 25 juin 1890).

Equipages de pont.

Description sommaire et emploi des bateaux, nacelles, chevalets à deux pieds, corps-morts, poutrelles, madriers, engins d'ancrage, faisant partie du matériel des pontonniers.

Composition des équipages de pont de corps d'armée.

Notions générales sur la construction des ponts d'équipage ; par bateaux successifs, par portières, par parties, par conversion.

3° RÈGLEMENTS DE MANŒUVRES.

Service des bouches à feu de campagne.

Règlement du 28 décembre 1888 sur les manœuvres des batteries attelées. — Titre III (Ecole de batterie). — Titre IV, article II : Ecole du groupe de guerre.

Règlement sur le service des armées en campagne (26 octobre 1883).

Instruction sur l'emploi de l'artillerie dans le combat (1er mai 1887).

Instruction sur le service en campagne de l'artillerie de campagne (si elle a paru).

NOTA. — Les candidats doivent posséder la connaissance des règlements de manœuvres des trois armes, au point de vue de leur emploi plutôt qu'à celui de l'instruction des troupes.

FORTIFICATION.

I. — FORTIFICATION PASSAGÈRE.

Toutes es matières comprises dans le programme annexé à l'instruction ministérielle du 23 mars 1878, pour les travaux de campagne à exécuter dans les corps de troupe de l'infanterie.

Instruction pratique provisoire sur les travaux de champ de bataille à l'usage des troupes d'infanterie (9 août 1890).

II. — FORTIFICATION PERMANENTE.

Etude des éléments constitutifs des places construites avant l'artillerie rayée.

Nomenclature raisonnée du profil.

Tracé bastionné. — Etude sommaire des tracés de Vauban (Sarrelouis, Landau et Neubrisach), et du tracé de Cormontaigne.

Tracé polygonal. Propositions de Montalembert et de Carnot.

Etude sommaire de la fortification polygonale étrangère : fort Alexandre de Coblentz, nouvelle enceinte de Kœnigsberg; forts d'Anvers.

Fortifications construites depuis 1870. Profil, tracé, mode de flanquement. Abris et magasins. — Communications intérieures.

Forts d'arrêt. — Forts détachés. — Organisation d'ensemble d'une place à forts détachés.

III. — ATTAQUE ET DÉFENSE DES PLACES.

Notions générales. — Règlement sur le service en campagne

du 26 octobre 1883, titres XVI et XVII ; — Règlement du 4 octobre 1891, sur le service des places, titres IV et V.

Renseignements sur les travaux que l'attaque ou la défense a à exécuter au cours d'un siège. — Parallèles. — Tranchées. — Diverses espèces de sapes, descentes de fossés. — Dispositions à prendre pour un assaut.

GÉOGRAPHIE.

1° FRANCE.

Frontières et places fortes.
Bassin de Paris. — Massif central. — Bretagne. — Bassins de la Garonne et du Rhône.
Principaux passages des Vosges, du Jura, des Alpes et des Pyrénées.
Description des côtes. Ports de guerre. Préfectures maritimes.
Grandes lignes de chemins de fer ; leurs liaisons avec les réseaux étrangers.
Canaux de communication entre les grands bassins.
Description générale de l'Algérie, son organisation et sa division au point de vue militaire : routes et chemins de fer.
Colonies françaises.

2° EUROPE.

Empire d'Allemagne.

Etats qui composent l'empire d'Allemagne.
Orographie de l'Allemagne centrale.
Le Rhin de Bâle à Wesel, l'Ems, la Weser, l'Elbe, l'Oder, la Vistule.
Grandes lignes de chemins de fer ; leurs liaisons avec le réseau français.
Frontières et places fortes.
Côtes. — Les détroits de la Baltique.

Empire austro-hongrois.

Description des grandes Alpes.
Le Danube et ses affluents.
Frontières et places fortes.
Grandes lignes de chemins de fer.
Routes militaires des Alpes autrichiennes.
Côtes.

Belgique.

Le bassin de l'Escaut.
Système général de défense.

Grandes lignes de chemins de fer ; leurs liaisons avec les ré seaux français et allemands.

Hollande.

Le Rhin et la Meuse ; voies ferrées ; leurs liaisons avec les ré seaux belges et allemands. Système général de défense.

Italie.

Bassins du Pô et de l'Adige.
Les Alpes ; principales routes reliant le bassin du Pô aux bassins du Danube, du Rhin et du Rhône.
Frontières continentales.
Places fortes, voies ferrées, côtes.

Suisse.

Description des Alpes et du Jura ; frontières ; voies ferrées, leurs liaisons avec les réseaux étrangers.
Travaux de défense (Saint-Gothard, vallée du Rhône).

Russie.

Frontières occidentales et places fortes.

Espagne.

Limites. Description du bassin de l'Èbre.

Péninsule des Balkans.

Empire ottoman et nouveaux États créés par le traité de 1878 : Roumanie, Serbie, Bulgarie ; leurs frontières.
Bassins du Danube inférieur et de la Maritza.
Chemins de fer ; leurs liaisons avec les réseaux européens.
Côtes ; le Bosphore et les Dardanelles, leurs défenses.

Nota. — Les candidats doivent être à même de tracer au tableau un croquis succinct de la région sur laquelle porte l'examen.

TOPOGRAPHIE.

1° Deuxième partie du programme de l'instruction du 30 septembre 1874 ;
2° Levés réguliers. Planimétrie et nivellement. Principaux instruments employés en topographie pour le levé et le nivellement du terrain ; leur description, leur emploi :

Chaîne ; stadias ; télémètre ; planchette ; alidade ; déclinatoire.
Équerre d'arpenteur ; graphomètre.
Boussole : Principe et vérification.

Boussole-alidade Peigné. Boussole Hossard.

Eclimètre à deux limbes.

Alidade nivelatrice ; niveaux : niveau d'eau, niveau à perpendicule, niveau à bulle d'air, niveau à collimateur ; lunettes ; verniers.

Instruments improvisés pour la lecture des angles.

ALLEMAND.

Les candidats auront à traduire, à la lecture, de l'allemand en français et du français en allemand. Ils devront pouvoir lire l'allemand, tant imprimé que manuscrit, écrire correctement sous la dictée, et échanger avec l'examinateur quelques phrases simples de conversation.

Ils seront notés sur chacune des autres langues étrangères qu'ils posséderont.

TABLEAU DES COEFFICIENTS.

Les coefficients sont fixés ainsi qu'il suit, tant pour les épreuves écrites que pour les épreuves orales et l'équitation.

1º *Epreuves écrites.*

Question militaire	8
Question d'organisation ou d'histoire militaire	4
Question de législation et d'administration militaires	3
Thème allemand	3
Levé et croquis topographique	4
Total	22 ci.... 22

2º *Epreuves orales.*

1º	Organisation et histoire militaires	5
	Tactique d'infanterie	5
2º	Tactique de cavalerie	4
	Allemand	3
3º	Artillerie	4
	Fortification	4
4º	Géographie	4
	Topographie	3
	Total	32 ci.... 32

3º *Équitation.*

Equitation	2
Total général	56

ÉPREUVE FACULTATIVE SUR LES LANGUES ÉTRANGÈRES AUTRES QUE L'ALLEMAND.

Les candidats qui désireraient subir une épreuve sur une ou plusieurs langues étrangères autres que l'allemand devront en faire la déclaration en adressant au commandant de corps d'armée (à M. le Ministre de la marine, pour les candidats de l'armée de mer) leur demande d'admission au concours.

Cette épreuve facultative comprendra une composition écrite et un examen oral.

Composition écrite. — Elle aura lieu le troisième jour à la suite du thème allemand. Les candidats devront traduire le texte du thème allemand dans la langue qu'ils auront choisie, sans l'aide de lexique ni de dictionnaire. Il leur sera accordé deux heures en plus pour la traduction en chaque langue autre que l'allemand.

La note obtenue n'entrera pas en compte pour l'admissibilité.

Examen oral. — Il aura lieu à la suite de l'examen d'allemand.

La note définitive à attribuer au candidat pour la connaissance d'une langue étrangère autre que l'allemand sera obtenue en prenant la moyenne des notes de l'épreuve écrite et de l'épreuve orale.

Cette note définitive, si elle est au moins égale à 16, s'ajoutera pour la moitié de sa valeur absolue à la somme totale des points acquis pour toutes les épreuves. Toute note inférieure à 16 sera portée *pour mémoire* seulement et n'augmentera pas le nombre des points du candidat.

Fait à Paris, le 2 avril 1892.

Le Ministre de la guerre.

Signé : C. DE FREYCINET.

Paris et Limoges. — Imprimerie militaire HENRI CHARLES-LAVAUZELLE.

Paris et Limoges. — Imprimerie militaire Henri CHARLES-LAVAUZELLE.